Raphaël-Georges Lévy

À la veille
d'une élection
présidentielle

Essai

ISBN : 978-1545432204

10 9 8 7 6 5 4 3 2 1

Raphaël-Georges Lévy

À la veille d'une élection présidentielle

Essai

Table de Matières

Section I

Ce n'est pas de nous qu'il s'agit aujourd'hui, mais des États-Unis. On sait que le président de la République y est élu tous les quatre ans au suffrage universel. L'élection a lieu quatre mois avant l'installation à la Maison Blanche. L'agitation commence dès le début de l'année qui précède cette date. Depuis le printemps dernier, le pays n'est occupé que du choix du magistrat qui devra régir ses destinées de mars 1897 jusqu'en mars 1901. On connaît aussi la procédure qui s'est peu à peu introduite dans les mœurs au point d'être observée comme une règle écrite. Chaque parti envoie de tous les points du territoire ses délégués à une Convention générale du parti, qui se réunit dans une ville et à une époque désignées d'avance. Cette Convention établit un programme qu'on appelle plate-forme (*platform*) et qui expose la manière de voir de la majorité, ou de l'unanimité de la convention sur les questions qui occupent l'opinion publique. Une fois ce programme établi, chaque convention désigne (*nominales*) deux candidats, l'un pour la présidence, l'autre pour la vice-présidence des Etats-Unis, et en forme une liste (*ticket*) qu'elle recommande aux suffrages des électeurs. Ceux-ci n'en demeurent pas moins libres de voter pour qui bon leur semble ; mais cette désignation, faite à l'avance par les représentants autorisés de chaque parti, pèse d'un grand poids sur le vote populaire, et la bataille s'engage sur les noms ainsi mis en avant. De véritables campagnes s'organisent dans l'intervalle qui sépare les Conventions du vote définitif : les politiciens les plus habiles de chaque parti en prennent la direction, établissent leur quartier général, et déploient une activité comparable à celle d'un chef d'armée, préoccupé de faire converger vers un même but tous les mouvements de ses troupes sur le théâtre des opérations.

Cette année, l'intérêt capital des plateformes résidait dans la question monétaire. La grandeur des intérêts engagés, la situation prépondérante que les Etats-Unis occupent dans la vie économique du globe, les conséquences qui résulteront de la décision prise en un sens ou dans l'autre, non seulement pour l'Amérique, mais pour le monde entier, me faisaient un devoir d'étudier de près la lutte actuelle. Déjà les journalistes américains, ces merveilleux fabricants de titres à sensation, l'ont baptisée : la bataille des étalons (*baille of standards*). La place d'un économiste était indiquée dans l'un et l'autre des états-majors, à la recherche des meilleurs points d'observation.

Je suis donc retourné aux Etats-Unis. Je les avais visités, il y a trois ans, au moment de l'Exposition de Chicago, de la foire universelle, comme les Yankees l'avaient nommée dans leur langue pittoresque : la grande République était alors secouée par une crise financière violente, qui avait coïncidé avec les premiers mois de l'Exposition, et qui provoqua une lutte parlementaire acharnée au sujet de la législation monétaire. Il s'agissait de mettre un terme aux achats de métal blanc par le Trésor, dont les caves s'emplissaient de lingots que le public ne lui demandait pas. Le monde financier et commercial redoutait un changement d'étalon. Seule, la fermeté du président Cleveland, qui arracha au Congrès, après trois mois d'efforts, le rappel de la loi Sherman, sauva le pays d'un bouleversement. Mais les peuples oublient vite les leçons de l'histoire ou les comprennent mal. Au lieu de renoncer définitivement à toute tentative de restauration de l'argent, une partie de l'Amérique se lance tête baissée dans une campagne qu'elle prétend faire aboutir à la libre frappe de ce métal.

Cette idée a pris naissance dans les Etats qui, tels que le Nevada, le Colorado, le Montana, l'Idaho, contiennent de nombreuses mines d'argent. Mais, chose singulière, elle a recruté de nombreux adhérents dans l'ouest, le centre et le sud, parmi les fermiers et même les ouvriers, qui s'imaginent que cette révolution monétaire améliorerait leur condition. Les Montagnes-Rocheuses et une partie du bassin de Mississipi croient voir là en même temps une occasion de s'affranchir de la suprématie des Etats de l'est, à qui leur richesse, la densité de leur population et leur longue expérience politique avaient assuré jusqu'à ce jour une légitime prépondérance dans la conduite des destinées de l'Union.

Il n'est plus possible aujourd'hui de juger l'ensemble du peuple américain d'après les New-Yorkais et les Bostoniens, ni de considérer ce qui est à l'ouest des monts Alleghanys comme une quantité négligeable. Les anciens Etats du bord de l'Atlantique, qu'on désigne parfois du nom de Nouvelle-Angleterre, forment en réalité une vieille Amérique par rapport aux jeunes communautés du centre et de l'ouest. Ils constituent au sein de l'Union une sorte de parti conservateur ; ils commencent à avoir des traditions et à goûter les douceurs d'un état d'âme plus raffiné que celui des rudes planteurs et mineurs, pionniers de la Fédération dans sa marche de l'Atlantique au Pacifique. Ceux-ci sentent les forces leur venir : grâce à la constitution qui ordonne que chaque Etat sera représenté par deux sénateurs, sans tenir compte de la population, leur influence au Sénat est déjà considérable. Les territoires qu'ils occupent sont immenses, et, si le peuplement s'en effectue avec la rapidité dont certaines villes, comme Chicago, ont donné l'exemple, la Chambre des représentais ne tardera pas à compter, elle aussi, une forte proportion de députés de l'ouest. Là est la nouveauté et aussi le péril de la situation.

Jamais depuis trente ans il ne s'était révélé comme aujourd'hui. A lire certains journaux américains, l'étranger pourrait même croire à un antagonisme plus profond encore que celui qui existe réellement. Le principal journal de Denver, capitale du Colorado, le *Rocky Mountain News*, attaquait au mois de juin dernier le président Cleveland, objet spécial de la haine des partisans de l'argent, que nous demandons au lecteur la permission d'appeler argentistes. Ce barbarisme nous permettra de traduire littéralement l'épithète de *silverites* qui revient à chaque minute dans la bouche et sous la plume des Américains. Ce président démocrate, qui a la fermeté de résister à son propre parti toutes les fois qu'il juge que celui-ci se trompe, était représenté sur un bûcher : les flammes de « l'argent libre » le dévorent, pendant qu'il essaie de s'échapper par une échelle d'or. Il est probable qu'une fois la brûlante question du jour réglée, tout rentrera dans le calme, et les adversaires, si échauffés en ce moment, retourneront à leurs affaires sans s'armer pour une guerre civile. Mais rarement une discussion politique s'est poursuivie sur un ton aussi violent ; rarement des dénonciations semblables à celles qui s'impriment matin et soir dans les journaux ont ameuté l'opinion. Les délégués républicains du Colorado, de l'Idaho, de l'Utah, du Montana, du Nevada, en se retirant de la convention de Saint-Louis, n'ont pas craint de dénoncer à leurs constituants le programme adopté par la majorité de leurs coreligionnaires politiques « comme la pire tentative jamais faite par le parti républicain, jadis sauveur du peuple, mais prêt aujourd'hui à l'opprimer, si la Providence ne l'arrête pas au moyen du suffrage des hommes libres. »

Le sénateur Tillman, de la Caroline du Sud, qualifiait l'autre jour dans une réunion publique le président Cleveland d'instrument de *Wall street*, c'est-à-dire des banquiers de New-York, et apostrophait ses auditeurs en ces termes :

Votre politique a consisté à changer de maître, ce que vous faites en expulsant une bande de voleurs et en en installant une autre à sa place. Vous êtes hypnotisés par le chant de sirène des journaux vendus… Toutes ces punaises d'or (*goldbugs*) sont foncièrement hypocrites et menteuses… En 1893, le Congrès a démonétisé l'argent et établi l'étalon d'or, grâce aux machineries et canailleries de John Sherman et autres coquins… Les *trusts* et monopoles nous tuent. Votre procureur général a, de par la loi, le pouvoir de les étrangler tous, mais il ne peut le faire. La corruption est partout : corruption dans les tribunaux sans exception, jusque dans la Cour suprême ; — corruption au Congrès ; — et, ce qui est pis que tout, la présidence vient d'être mise aux enchères à Saint-Louis, Hanna a commencé par acheter le vote des nègres en faveur de Mac-Kinley ; puis Platt les a achetés une seconde fois pour leur faire adopter sa plateforme en faveur de l'or. John Sherman, le grand prêtre de Mammon, est, avec Mark Hanna, le copropriétaire de Mac-Kinley… Et maintenant, amis, voilà assez longtemps que nos chefs nous vendent. Le temps est venu de nous insurger. Il nous faut une nouvelle déclaration d'indépendance : l'Amérique aux Américains, et l'Angleterre aux Enfers !

Il n'est aucune des passions de la démagogie auxquelles il ne soit fait appel dans cette campagne. Les faits sont dénaturés ; les accusations les plus extravagantes proférées sans preuve à l'appui ; on s'adresse aux pires instincts des foules. Si la démocratie américaine résiste à de pareils assauts, elle aura donné une admirable preuve de sagesse et de possession d'elle-même.

Section II

La division politique des États-Unis est malaisée à définir, parce qu'elle ne correspond à rien de précis ; elle ne ressemble pas à la nôtre, personne ne songeant à demander un changement dans la forme du gouvernement. Les deux grands partis en présence sont le parti républicain et le parti démocrate ; à côté d'eux le parti populiste a recruté des adhérents dans certains Etats du sud et de l'ouest : on pouvait néanmoins jusque dans les derniers temps le traiter de quantité négligeable. Les ouvriers ont aussi des organisations spéciales : mais elles n'empêchent pas ceux qui en font partie d'appartenir à un autre groupe politique. Le parti républicain se glorifie d'avoir mené la guerre de sécession et d'avoir rétabli l'unité nationale ; le parti démocrate n'a plus que le nom de commun avec les confédérés de 1861, qui pendant quatre ans versèrent leur sang sur tant de champs de bataille et disputèrent la victoire aux Sherman, aux Sheridan et aux Grant. Aussi n'est-ce pas sur le terrain des luttes d'autrefois que se rencontrent les adversaires d'aujourd'hui. Ils sont d'accord pour maintenir l'organisation actuelle du pays ; ils ont au même degré le respect de la constitution ; ils ne sont pas en désaccord sur la politique étrangère. Si le républicain Blaine a passé pour le champion le plus ardent du panaméricanisme, le démocrate Cleveland a déployé une singulière énergie dans la revendication des droits des Etats-Unis lors de l'incident anglo-vénézuélien à la fin de 1895. Ce n'est pas non plus sûr une question confessionnelle qu'éclatent les conflits d'opinion, bien que l'association anti-papale, *American-protective association*, par abréviation A. P. A., essaie de faire à Mac-Kinley un grief d'avoir épousé une femme catholique.

C'est donc en matière économique que doivent éclater les divergences qui séparent les démocrates et les républicains. Mais ici encore, chose étrange à constater, aucun des deux partis, au début de la campagne présidentielle de 1896, n'avait de programme précis. Deux questions préoccupaient le pays : celle du tarif et celle de la monnaie ; protection ou libre-échange, étalon d'or ou double étalon. Hâtons-nous d'ajouter que les problèmes ne se posent pas avec cette simplicité élémentaire. Bien peu de libre-échangistes américains auraient le courage de supprimer tous les droits de douane ; un petit nombre seulement des partisans de l'étalon d'or songent à retirer de la circulation les dollars d'argent qui en forment une portion importante. D'autre part, bien que les républicains soient acquis à une politique protectionniste, les démocrates sont loin d'être tous de l'opinion contraire ; et, pour ce qui est de la question monétaire, elle compte des partisans de l'une et de l'autre solution dans les deux camps. Une forte majorité de républicains est favorable à l'étalon d'or : ce qui n'empêche qu'en 1893 le président démocrate Cleveland a lutté avec une énergie indomptable pour l'abrogation des lois ordonnant les achats d'argent par le Trésor, et que certains membres de son cabinet, le secrétaire de la Trésorerie Carlisle en tête, se jettent aujourd'hui dans la mêlée pour combattre les argentistes. Il faut jeter un coup d'œil en arrière afin de comprendre la situation.

Après avoir été longtemps libre-échangistes, les Etats-Unis, vers le déclin du XIXe siècle, ont suivi l'exemple de beaucoup de nations européennes et ont établi des barrières pour protéger nombre de leurs industries. Le major Mac-Kinley, président de la commission parlementaire chargée de la révision des lois douanières, attacha son nom au tarif le plus élevé, qui fut établi il y a quelques années sous le gouvernement du républicain Harrison, et légèrement abaissé en 1894, sous une présidence démocratique, par une loi dite *Wilson bill*. On attribuait la crise de 1893 à l'excès des tarifs protecteurs et à la législation monétaire : sous le coup de ses souffrances, le pays approuva un double changement dans l'une et l'autre politique. Mais aujourd'hui que la prospérité promise ne lui semble pas revenir assez vite, il est de nouveau prêt à voter en sens contraire. Ce n'est pas le lieu de discuter une théorie économique. Constatons cependant que l'Amérique est mieux armée qu'aucune autre contrée pour la lutte sur le terrain du libre-échange. La richesse et l'étendue de son sol lui permettent d'exporter nombre de matières premières : elle devient de ce chef créancière de l'étranger et achète à son tour des produits fabriqués au dehors. Cela est si vrai qu'à une époque dont nous ne sommes pas éloignés les revenus des douanes dépassèrent largement les besoins du Trésor et parurent à beaucoup de bons esprits un impôt injustement prélevé sur le consommateur, c'est-à-dire sur la masse. Craignant de les voir abolir, les protectionnistes inventèrent le système des pensions, dont l'objet principal fut de trouver un emploi à d'énormes excédents budgétaires. Avec une armée de 25 000 hommes et une marine à peu près nulle, les Américains trouvèrent moyen d'inscrire annuellement 800 millions de francs au titre des dépenses militaires, en pensions servies aux vétérans de la guerre de sécession, à leurs familles, et surtout à des amis politiques. Aujourd'hui les temps sont changés : les excédons ont fait place à des déficits, qu'il a fallu combler à l'aide d'emprunts. L'administration démocratique ne peut plus se vanter d'avoir continué à diminuer la dette publique, comme elle le fit sous la première présidence de Cleveland, de 1885 à 1889. Depuis deux ans elle a dû emprunter un milliard de francs : il est vrai qu'elle a eu à souffrir de l'incertitude qui n'a cessé de régner sur le régime monétaire du pays.

Celui-ci est assez connu pour qu'il n'y ait pas lieu d'y insister. Nous l'avons exposé ici même en 1894. Depuis le rappel du Sherman bill, en octobre 1893, les Etats-Unis se trouvent, au point de vue métallique, dans une situation analogue à celle de la France : l'or seul peut y être librement frappé ; mais les dollars d'argent antérieurement émis ont conservé force libératoire. S'il n'existait aucun doute relativement à l'avenir, la présence dans la circulation de ce demi-milliard de dollars d'argent sous la forme d'espèces sonnantes, de billets du Trésor et de certificats de dépôt gagés par le métal monnayé ou déposé en lingots dans les caves de la Trésorerie à Washington, n'aurait aucune influence fâcheuse : mais il n'en va pas ainsi. Un parti qui, plus bruyant que nombreux à ses débuts, a cependant fini par recruter des adhérents parmi ceux-là mêmes qui n'ont rien à gagner et probablement beaucoup à perdre à un bouleversement monétaire, s'agite et agite le pays en réclamant la libre frappe de l'argent : il promet aux propriétaires de mines de ce métal un débouché assuré et un prix invariable pour leur marchandise ; il fait miroiter aux yeux des agriculteurs une hausse du blé, du maïs et des autres produits de la terre, qu'il prétend devoir être la conséquence inévitable de cette libre frappe.

Le candidat républicain qui paraît avoir le plus de chances d'être élu en novembre prochain pour être ensuite installé à la Maison Blanche de Washington de mars 1897 jusqu'en mars 1901, est le célèbre Mac-Kinley, dont le nom est resté lié au relèvement du tarif douanier. Mac-Kinley ressemble à Napoléon Ier : cette circonstance a été pour quelque chose dans sa fortune politique, en ce pays où la légende impériale paraît avoir exercé une fascination toute particulière sur les esprits.[1] Ses adversaires n'ont-ils pas été

1   Cette fascination est telle que l'éminent professeur Sloane, de l'Université de Princeton, a cru devoir écrire une histoire de Napoléon Ier pour éclairer ses compatriotes, en la leur présentant sous le jour qu'il croit être le vrai, et en

jusqu'à relever la date du 18 juin, anniversaire de Waterloo, à laquelle Mac-Kinley a été choisi par la Convention de Saint-Louis, pour en tirer un présage de défaite ? Le portrait de Mac-Kinley, imprimé tous les jours dans une foule de journaux tirés à des millions d'exemplaires, le représente inévitablement coiffé du tricorne en bataille, avec la main dans la redingote boutonnée, ou bien encore les deux bras croisés derrière le dos, dans quelqu'une des attitudes immortalisées par l'Empereur premier.

Rien n'est amusant comme de voir l'usage constant que font les caricaturistes yankees de cette ressemblance. L'un deux nous montre Mac-Kinley sur un cheval blanc, entouré de son état-major : les plus connus de ses partisans sont occupés à pointer des canons chargés de boulets en or qu'ils puisent dans des caissons bondés de ce métal ; au bas du tertre s'étend une plaine désolée qui n'est que ruines : fermes, fabriques, ateliers sont dévastés, tout est détruit par le monométallisme or : inutile de dire que le dessin est publié dans un Etat argentiste. Ailleurs on voit Mac-Kinley assis sur un obus, flirtant avec dame Démocratie, pendant qu'une mèche enflammée, sur laquelle est écrit : « monométallisme or », menace de faire éclater le projectile : « N'ayez pas peur, m'amie », lui dit-il, « cela ne vous fera pas de mal. »

La verve des républicains et des partisans de la monnaie jaune s'exerce à son tour aux dépens des argentistes. Le *New York Herald* nous montre un vagabond aux habits rapiécés, avec un pantalon enfoncé dans de grandes bottes et retenu par une seule bretelle au-dessus de sa chemise de laine, un chapeau de feutre aux larges bords dont s'échappent des plumes avec les inscriptions d'Altgeldisme, Tillmanisme (Altgeld est le gouverneur anarchiste de l'Illinois et Tillman le sénateur de la Caroline du Sud, fougueux apôtre de l'argent) ; il porte sur le dos le mot : populisme ; de la main gauche il maintient sur un billet intitulé : « convention de Chicago » la poule aux œufs d'or, la démocratie, et s'apprête à l'égorger avec la hache « argent libre » (*free silver*), qu'il brandit de la main droite. L'*Evening Telegram* du 14 juillet nous montre la vieille dame Démocratie faisant sauter sur ses genoux le petit enfant « populisme » et l'amusant avec un hochet « libre argent » (*free silver*) : la légende est jolie dans sa concision. « Elle avait besoin de quelque

cherchant à calmer chez eux un enthousiasme qu'il trouve exagéré.

chose pour la distraire. » Une autre nous montre cette même démocratie dont les jupes sont entortillées par les laisses de deux cochons qui la tirent en sens contraire : l'un s'appelle l'or et est très gras ; l'autre, tout maigre, personnifie l'argent. La vieille dame crie au secours et demande qu'on la dégage de ces cordes. L'un des animaux l'entraîne sur une route qui s'appelle « Défaite » et l'autre se dirige vers le chemin qui mène à « Ruine ».

En d'autres temps, l'élection de Mac-Kinley aurait eu une signification nettement protectionniste. Les circonstances ont relégué cette question si grave au second plan, et amèneront peut-être à ce candidat nombre de voix libre-échangistes. Voici comment s'exprime à cet égard la plate-forme républicaine :

Nous renouvelons et affirmons notre attachement à la politique protectionniste, que nous considérons comme le boulevard de l'indépendance industrielle de l'Amérique et le fondement de la prospérité américaine.

Cette politique véritablement américaine taxe les produits étrangers et encourage l'industrie indigène ; elle fait porter le poids des droits aux marchandises du dehors ; elle conserve le marché américain au producteur américain ; elle assure à l'ouvrier américain le maintien des salaires au taux américain ; elle met la fabrique à côté de la ferme et rend le fermier américain moins dépendant de la demande et des prix étrangers.

Nous demandons un tarif équitable sur les importations étrangères, qui ne fournisse pas seulement au Gouvernement un revenu égal à ses dépenses nécessaires, mais qui empêche le travail américain d'être réduit à se contenter des salaires payés en d'autres pays.

La plate-forme démocratique au contraire déclare que les droits d'entrée doivent être uniquement perçus pour fournir des ressources au budget. Elle dénonce comme désorganisant les affaires la menace républicaine de rétablir le tarif Mac-Kinley, deux fois condamné par le suffrage universel :

Ce tarif, présenté faussement comme protégeant l'industrie nationale, n'a servi qu'à engendrer une foule de *trusts* et de monopoles, a enrichi le petit nombre aux dépens de la masse, a restreint le commerce et privé les producteurs américains de leurs débouchés naturels.

Raphaël-Georges Lévy

Mais il est dit plus loin : « Jusqu'à ce que la question monétaire soit réglée, nous nous opposons à tout changement dans notre législation douanière. » C'est renoncer clairement à livrer bataille sur le tarif. D'autre part, rien ne prouve qu'une fois à la présidence, Mac-Kinley s'empresserait d'agir dans le sens d'une augmentation des tarifs actuels : elle sera réclamée par nombre d'industriels, toujours prêts, par tous pays, à crier à l'aide ; mais les demandes seront sans doute si nombreuses, que la voix des consommateurs pourrait s'élever à son tour, et modérer les appétits des manufacturiers.

Quoi qu'il en soit, aucune des deux plates-formes que nous venons de citer, malgré la redondance des phrases, ne prend d'attitude intransigeante en matière douanière ; et il serait facile de démontrer qu'on pourrait à la rigueur conserver ou modifier le tarif actuel en restant dans le cadre des déclarations républicaines ou démocratiques.[1] C'est donc à propos de la question monétaire que nous devons chercher à trouver chez les politiciens une attitude décidée, des principes ou du moins des opinions arrêtées. Tel n'était pas le cas au début de la campagne actuelle. Si la majorité des républicains, surtout dans l'est, est très énergiquement favorable à ce qu'on appelle dans le jargon courant la monnaie saine (*sound money*), le favori Mac-Kinley évitait tout d'abord de se prononcer sur la question. L'un des grands journaux de New-York, l'*Evening Post*, s'amusait à publier chaque jour de nombreux extraits de discours dans lesquels Mac-Kinley s'est exprimé en termes favorables au bimétallisme. Mac-Kinley de son côté se renfermait dans un prudent silence : les « Forain » de là-bas le représentaient les yeux fermés et la bouche close par la main de son Éminence grise, du célèbre Mark Hannah : « Je n'ai rien à dire, *I have nothing to say*, » est la légende.

Section III

Mais cette situation ambiguë du début de la campagne n'a pas tardé à se modifier à la suite de la réunion de la Convention démocratique, qui a siégé à Chicago du 7 au 11 juillet dernier. Déjà la plate-forme républicaine, adoptée par la Convention de Saint-

---

1 D'après des nouvelles plus récentes, les républicains refuseraient cependant aux démocrates, qui seraient disposés à voter pour Mac-Kinley, de faire des concessions sur la question du tarif.

Louis le 18 juin, s'était prononcée en faveur de la monnaie saine (*sound money*) et du maintien de l'étalon d'or :

Le parti républicain est sans restriction favorable à la monnaie saine. C'est lui qui a fait passer la loi de reprise des paiements en espèces en 1879 ; depuis cette époque, chaque dollar a valu de l'or. Nous sommes absolument opposés à toute mesure calculée en vue de déprécier notre étalon ou de porter atteinte au crédit du pays. Nous sommes donc hostiles à la libre frappe de l'argent autrement qu'en vertu d'un arrangement international avec les principaux peuples commerçants du monde. Nous nous engageons à appuyer un arrangement de ce genre. Mais jusqu'à ce qu'il puisse être conclu, l'étalon d'or doit être conservé tel qu'il existe. Toute notre circulation d'argent et de papier doit être maintenue à la parité de l'or. Nous sommes en faveur de toute mesure de nature à maintenir, d'une façon inviolable, les obligations des États-Unis et leur monnaie, qu'elle soit de métal ou de papier, à l'étalon actuel, qui est celui des nations les plus éclairées du monde.

Cette déclaration fut adoptée par la Convention républicaine à une grande majorité ; seul, un petit groupe de délégués de l'ouest se joignit au sénateur Teller, du Colorado, lorsque celui-ci refusa de s'incliner devant la décision de la Convention au sujet de la monnaie, et se retira (*bolted*).

Le parti démocrate, de son côté, était profondément divisé sur la question monétaire. Mais à peine la Convention du parti est-elle réunie à Chicago que la puissance des argentistes se manifeste. Les délégués des États de l'ouest entrent en lice avec une ardeur et une violence sans égales. Dès le début, un antagonisme complot éclate entre eux et les délégués de l'est, qui proclament la nécessité de rester fidèles aux principes monétaires de M. Cleveland. Toutes les autres questions, jusqu'à celle du tarif, passent au second plan, et les Etats-Unis présentent le spectacle curieux d'une grande bataille politique concentrée sur une portion restreinte du terrain des intérêts matériels. Il ne s'agit plus de l'ensemble des questions économiques, qui jouent un rôle assez considérable dans la vie des nations modernes pour mettre les passions en mouvement, en dehors de toute question purement politique ; il ne s'agit même pas, quoi qu'en disent Mac-Kinley et ses amis, de protection ou de libre-échange. Le débat est réduit à la question monétaire : restera-t-on fidèle à l'or, ou bien admettra-t-on concurremment à la libre frappe les deux métaux dits précieux : l'or et l'argent ? C'est ce point qui met en ébullition soixante-dix millions d'hommes ; c'est pour vider la querelle du métal jaune et du métal blanc, des *gold bugs* (punaises d'or) et des *silver cranks* (fous d'argent), que des dizaines de mille de journaux, imprimés à des dizaines de millions d'exemplaires, inondent matin et soir les villes, bourgs et villages de quarante-neuf États et territoires de l'Union ; c'est pour cette cause que les immenses machines politiques américaines sont en mouvement depuis plusieurs mois et vont redoubler leurs efforts jusqu'au 3 novembre 1896, jour de l'élection.

La Convention démocratique se réunit au commencement de juillet. Les murs et les hôtels de Chicago fourmillent d'hôtes étranges, hommes aux barbes incultes, venus des Montagnes-Rocheuses et des fermes de l'Ouest, qui inspirent au *New-York Herald* des caricatures dans le genre suivant : ils font queue chez les barbiers de Chicago ; le nègre qui tient les ciseaux recule, effrayé, devant ces Clodions chevelus ; un autre empile dans un immense panier les longues boucles qui tombent de ces têtes et de ces mentons hirsutes. Le célèbre gouverneur de l'État d'Illinois, dans lequel se trouve Chicago, Altgeld, l'ami des anarchistes, emplit les couloirs du bruit de sa campagne en faveur de l'argent. Les délégués des grands États de l'est, de New-York, de Pensylvanie, sentent que la majorité avait son siège fait. Ils n'en luttent pas moins courageusement et essayent de se faire écouter : mais les positions étaient prises bien avant la réunion, et les paroles les plus sensées ne modifièrent probablement pas un seul vote. Dans l'émotion de leur impuissance, l'un d'eux va jusqu'à s'écrier que l'attitude des argentistes équivaut au premier coup de canon tiré sur le fort Sumter, en 1861, par les confédérés. La *Tribune* de New-York déclare que les vieux démocrates de l'est se heurtent à Chicago à un spectre horrible, aux yeux hagards, agitant un étendard sanglant et une torche enflammée. Terrifiés de découvrir l'intensité des passions agraires et communistes qui sont à la base de la folie argentiste, ils accusent la majorité de vouloir répudier des dettes légitimement contractées, et constatent avec tristesse que, pour la première fois dans l'histoire, le parti démocrate s'écarte des saines doctrines en matière monétaire. Ils déplorent que des anarchistes et des communistes, entrés à la Convention sous un masque de démocrates, dominent cette Assemblée au point de lui dicter des résolutions monstrueuses.

Dans l'immense hall, où un millier de délégués et plus de quinze mille spectateurs tenaient à l'aise, le triomphe des argentistes s'affirme dès la première minute. Le révérend Stire ouvre la session par une prière appelant les bénédictions du Très-Haut sur la Convention assemblée devant lui, le priant d'inspirer à ses membres le plus ardent patriotisme, de les affranchir de toute préoccupation de parti, de façon à consacrer leurs efforts au bien public et à continuer à faire de l'Amérique une et prospère un modèle, le plus pur et le meilleur possible, pour les peuples de la terre. Deux candidats étaient en présence pour la présidence temporaire de la Convention : le sénateur Hill, de New-York, *sound money man*, et le sénateur J. W. Daniel, de l'Etat de Virginie, favorable à l'argent. Daniel fut élu par 556 voix contre 349 données à Hill, bien que le comité national démocratique appuyât la candidature de ce dernier. Ce fait était à lui seul une indication claire des dispositions des délégués. Depuis soixante-quinze ans, c'était la première fois que le choix du comité n'était pas ratifié par la Convention ; mais celle-ci était décidée à ne se laisser arrêter par aucun précédent et à tout briser pour assurer le triomphe de l'argent. Aussi le sénateur Daniel ne fit-il que répondre aux sentiments de la majorité en comparant son œuvre à un incendie qui dévore la prairie, d'une extrémité à l'autre du pays :

il faut, s'écria-t-il, émanciper l'Amérique de la tutelle des rois de l'Europe, menés par la Grande-Bretagne à l'assaut du métal argent, cette moitié de la monnaie du monde, et empêcher ces tyrans de réduire tous les fabricants, marchands, fermiers et ouvriers américains, à n'être plus que des scieurs de bois ou des porteurs d'eau !

N'oubliez pas qu'en 1892 vous vous êtes déclarés en faveur de l'usage simultané de l'or et de l'argent comme étalon, de la libre frappe des deux métaux, et que le seul point sur lequel vous ne vous êtes pas alors prononcés était celui du rapporta fixer entre les deux métaux.

Les hommes qui sont dans les affaires, les manufacturiers, les commerçants, les agriculteurs, nos enfants qui peinent dans les comptoirs, dans les usines, dans les champs, dans les mines, savent qu'un resserrement de la circulation engloutit, avec la force silencieuse et irrésistible de la pesanteur, les profits annuels de leurs entreprises et de leurs paiements, — ils savent aussi qu'étalon d'or signifie contraction et organisation du désastre… Le parti républicain s'est prononcé on faveur de l'étalon d'or britannique. S'il triomphe, nous ne pouvons que nous attendre à de nouveaux spasmes de panique et à une période de dépression indéfinie.

Nous nous sommes efforcés de traduire littéralement cette diatribe : elle donne bien l'idée de l'agitation au moyen de laquelle les partisans de l'argent essaient de s'assurer les suffrages populaires. Les déclamations ont toujours ému les foules. Les Gracques n'employaient pas d'autres moyens de rhétorique lorsqu'ils haranguaient la plèbe romaine.

Le second acte de la convention de Chicago fut de dresser la plate-forme démocratique en vue de l'élection à venir. Le choix du président pouvait faire pressentir ce qu'elle dirait. Malgré la longueur du document, nous donnerons la traduction des principaux passages. Il jette un jour trop vif sur l'état d'âme d'une partie de l'Amérique pour n'être pas lu attentivement : Nous, démocrates des États-Unis, assemblés en Convention nationale, affirmons une fois de plus notre fidélité aux grands principes essentiels de justice et de liberté sur lesquels reposent nos institutions, et que le parti démocratique a défendus depuis les temps de Jefferson jusqu'à nos jours : liberté de la parole, de la presse, de conscience, maintien des droits individuels, égalité de tous les citoyens devant la loi, fidèle observance des limites constitutionnelles.

Reconnaissant que la question monétaire est aujourd'hui la plus importante de toutes, nous rappelons que la Constitution désigne en même temps l'or et l'argent comme étant les métaux monétaires des États-Unis et que la première loi de frappe, votée par le Congrès après l'établissement de la Constitution, fit du dollar d'argent l'unité monétaire, et n'admit la libre frappe du dollar d'or qu'à un taux déterminé sur la base du dollar d'argent.

Nous déclarons que l'acte de 1873, qui a démonétisé l'argent sans que le peuple américain en ait eu connaissance ni l'ait approuvé, a eu pour résultat le renchérissement de l'or et comme conséquence une baisse correspondante du prix des marchandises produites par le peuple ; un lourd accroissement de la charge des impôts et de toutes les dettes privées et publiques ; l'enrichissement de la classe des prêteurs ici et au dehors, la décadence de l'industrie et l'appauvrissement du peuple.

Nous sommes inaltérablement opposés au monométallisme, qui a paralysé la prospérité de toute la communauté industrielle. Le monométallisme or est une politique anglaise : en l'adoptant, d'autres nations sont devenues les esclaves financières de Londres. Elle n'est pas seulement non-américaine, elle est anti-américaine : elle ne saurait être imposée aux États-Unis qu'en étouffant cet esprit et cet amour de la liberté qui nous a fait proclamer notre indépendance politique en 1776 et la conquérir dans la guerre de la Révolution.

Nous demandons la frappe libre et illimitée de l'argent et de l'or au rapport actuel de 16 à 1, sans attendre l'aide ni le consentement d'aucune autre nation. Nous demandons que le dollar d'argent étalon ait pleine force libératoire, à l'égal de l'or, pour toutes dettes publiques et privées. Nous sommes partisans d'une législation qui empêche à l'avenir la démonétisation d'aucune monnaie libératoire par des contrats particuliers.

Nous sommes opposés à la politique qui consiste à laisser aux porteurs d'obligations des États-Unis l'option, que la loi réserve au Gouvernement, de racheter ses obligations en or ou en argent.

Nous sommes opposés à l'émission d'obligations des États-Unis en temps de paix et condamnons le trafic avec les syndicats de banquiers qui, en échange de ces obligations, et au prix d'un énorme bénéfice réalisé par eux, fournissent de l'or à la Trésorerie fédérale, de façon à maintenir la politique du monométallisme or.

Le Congrès seul a le pouvoir de frapper et d'émettre des monnaies, et le président Jackson a déclaré que ce pouvoir ne pouvait être délégué ni à des corporations ni à des individus. Nous dénonçons en conséquence l'émission de billets par les banques nationales comme une dérogation à la Constitution. Nous demandons que tout papier ayant force libératoire pour les dettes publiques et privées, et pouvant servir à acquitter les droits de douane aux États-Unis, soit émis par le Gouvernement et soit remboursable en espèces.

Raphaël-Georges Lévy

Nous nous prononçons en faveur de droits fiscaux et contre les droits protecteurs… Nous dénonçons le bill Mac-Kinley comme ayant engendré les trusts et les monopoles, sous prétexte de protéger l'industrie nationale, enrichi le petit nombre aux dépens de la masse, et privé les producteurs américains de leurs débouchés naturels…

… Nous critiquons la décision de la Cour suprême, qui a interdit l'établissement d'un impôt sur le revenu, lequel aurait permis d'équilibrer les budgets sans emprunt…

Nous demandons que l'immigration soit restreinte, de façon à ce que le travail pauvre (*pauper labor*) ne vienne pas faire concurrence au travail national…

Nous considérons que le marché national est affaibli par un mauvais système monétaire, qui appauvrit les fermiers et les empêche d'avoir les moyens d'acheter les produits de nos manufactures indigènes.

La concentration de la fortune aux mains d'un petit nombre, la consolidation de nos principaux chemins de fer, la formation de *trusts* et de syndicats, exige que le Gouvernement fédéral contrôle strictement ces artères du commerce. Nous demandons l'extension des pouvoirs de la Commission du commerce entre États, et telles restrictions et garanties dans le contrôle des chemins de fer qui protègent le peuple contre le vol et l'oppression…

Nous recommandons l'économie dans les services publics, dénonçons les gaspillages de l'administration républicaine, dont l'effet a été de surcharger les contribuables… Nous blâmons l'ingérence arbitraire des autorités fédérales dans les affaires locales, comme étant une violation de la Constitution. Les juges fédéraux, en s'attribuant à la fois le pouvoir législatif, judiciaire et exécutif, au mépris des lois des États et des droits des citoyens, commettent un crime contre les institutions…

La doctrine Monroe, telle qu'elle a été professée à l'origine et interprétée par plusieurs présidents successifs, est une partie intégrante de la politique étrangère des États-Unis et doit être à tout jamais maintenue. Nous assurons de notre sympathie les Cubains dans leur lutte héroïque pour la liberté et l'indépendance. Nous sommes opposés à ce que les fonctionnaires restent en place pour la durée de leur existence. Nous désirons que les postes soient donnés au mérite, pour un temps limité... Nous déclarons que c'est une loi non écrite de la République, établie par un usage centenaire, sanctionné par l'exemple des plus grands et des plus sages parmi ceux qui ont fondé et maintenu notre gouvernement, que nul n'est éligible à une troisième présidence... Confiants dans la justice de notre cause et dans la nécessité de son succès, nous soumettons les déclarations de principes qui précèdent et indiquons notre but au peuple américain. Nous demandons l'appui de tous les citoyens qui les approuvent, qui désirent les appliquer au moyen d'une législation venant en aide au peuple et qui souhaitent voir rétablir la prospérité du pays.

Pour bien comprendre divers points de ce programme, il faut se rappeler que les argentistes prétendent que, lors du rétablissement des paiements en espèces en 1873, ce fut par surprise que le Congrès vota la libre frappe de l'or sans décréter en même temps celle de l'argent. La fausseté de cette allégation a été démontrée. La déclaration d'opposition à l'émission d'obligations vise les derniers emprunts des Etats-Unis, concédés à des syndicats de banquiers. La défense de démonétiser aucune monnaie libératoire par des contrats particuliers s'appliquerait aux arrangements, si usités en Amérique, par lesquels le débiteur s'engage à payer en dollars d'or. Le paragraphe relatif au rachat par le gouvernement de ses obligations en or fait allusion au mécanisme de la Trésorerie, qui ne cesse de donner de l'or en échange de tous ses billets indistinctement, des *silver certificates* et des billets de 1890 aussi bien que des *greenbacks* et des *gold certificates* : L'attaque contre les banques nationales tend à priver celles-ci du droit d'émettre les billets, qui leur est concédé par la loi organique : l'idéal de bon nombre d'argentistes est de faire émettre les billets par le gouvernement seul, à l'exclusion de tout établissement particulier.

Après avoir élaboré son Évangile, la Convention procéda à la troisième et non moins importante partie de sa tâche, la nomination de l'apôtre chargé de porter la bonne parole, du candidat à la présidence. Sans nous attarder au récit des péripéties de la discussion, sans nous occuper des compétiteurs évincés, nous reproduirons le discours du bouillant avocat de Nebraska, William Jennings Bryan, qui ravit l'Assemblée et conquit à l'orateur la majorité des suffrages. Cet homme de trente-six ans, le plus jeune, qui ait jamais été désigné comme candidat par une Convention nationale américaine, était, la veille encore, inconnu de la plupart de ses concitoyens. Voici les principaux passages de la harangue qui, selon la forte expression d'un assistant, a fait Bryan :

Il serait présomptueux de ma part de me présenter contre l'honorable gentleman qui vient de vous être recommandé (Bland [1]), s'il s'agissait de comparer notre valeur individuelle ; mais il n'est pas question ici d'une lutte entre individus. Le plus humble des citoyens, s'il revêt la cuirasse d'une juste cause, est plus fort qu'une armée d'erreurs (*textuel*). Je viens défendre devant vous une cause aussi sainte que celle de la liberté, celle de l'humanité.

Nous valons autant que les gens du Massachussets ; et s'ils viennent nous dire à nous, gens du Nebraska : Vous troublez nos affaires, nous leur répondrons : Et vous, vous dérangez les nôtres. Vous avez fait une application trop limitée du mot homme d'affaires. L'employé est autant un homme d'affaires que l'employeur. Le fermier qui va le matin à son ouvrage est autant un homme d'affaires que celui qui va à la Bourse jouer sur les fonds publics. Le mineur est un homme d'affaires au même titre que les quelques magnats financiers qui s'enferment dans un bureau pour y accaparer les capitaux du monde… Ce qu'il nous faut, c'est un André Jackson, pour lutter, comme Jackson l'a fait, contre les banques nationales… Les principes sur lesquels repose la démocratie sont éternels comme les montagnes, mais doivent s'adapter aux circonstances nouvelles qui se produisent. Jamais jusqu'à ce jour ce pays n'a assisté à une lutte semblable à celle que nous traversons… Les démocrates partisans de l'argent ont marché de l'avant avec franchise et audace : ils ont eu le courage de proclamer leur foi, ils ont annoncé que, s'ils remportaient la victoire, ils consacreraient dans la plate-forme du parti la déclaration qu'ils venaient de faire. Ils ont commencé la bataille avec une ardeur semblable à celle des croisés qu'entraînait Pierre l'Hermite. Nos démocrates partisans de l'argent ont marché de victoire en victoire, jusqu'à ce qu'ils se soient réunis en ce jour, non pour discuter, non pour discourir, mais pour entériner le ju-

---

1 Bland est un vétéran de la démocratie américaine. Il avait été l'auteur de la loi de 1878 qui marqua le début de la législation favorable à l'argent aux États-Unis, en ordonnant la frappe mensuelle de 2 millions de dollars. C'est lui dont la rustique demeure, à Lebanon (Missouri), était appelée la Mecque de l'argent par les fanatiques de ce métal.

gement rendu par le peuple américain.

Nous parlons en faveur des hommes d'affaires dans le sens le plus large. Nous ne disons pas un mot qui soit hostile à ceux qui vivent sur les bords de l'Atlantique ; mais les hardis pionniers qui ont bravé tous les dangers de la solitude, ceux qui ont fait pousser les roses dans le désert, ces pionniers d'avant-garde, qui ont élevé leurs enfants au sein de la nature, là où ils mêlent leur voix à celle des oiseaux, là où ils ont bâti des écoles pour l'instruction de la jeunesse, des églises pour y adorer le Créateur, des cimetières pour que les cendres de leurs ancêtres y reposent en paix, ceux-là méritent autant de considération de la part du parti démocratique qu'aucune autre classe de citoyens !

C'est pour eux que nous parlons. Nous ne nous présentons pas on agresseurs. Notre guerre n'est pas une guerre de conquête. Nous luttons pour la défense de nos foyers, de nos familles, de notre postérité. Nous avons pétitionné, et nos pétitions ont été dédaigneusement écartées. Nous avons supplié, et nos suppliques ont été rejetées. Nous avons imploré, et on nous a raillés, et le malheur s'est abattu sur nous. Maintenant nous n'implorons plus ; nous ne supplions plus ; nous ne pétitionnons plus. Nous mettons nos adversaires au défi.

Nous disons dans notre plate-forme que le droit de frapper des pièces de monnaie et d'émettre des billets appartient au gouvernement. Nous le croyons.

Arrivons maintenant au point capital. On nous demande pourquoi nous nous étendons sur la question monétaire plus que sur la question de tarif ; c'est que, si la protection a fait des milliers de victimes, l'étalon d'or en a fait par dizaines de mille. Si on nous demande pourquoi nous n'avons pas inséré tous nos articles de foi dans notre plate-forme, je réponds que, lorsque nous aurons rétabli notre monnaie constitutionnelle, toutes les autres réformes nécessaires deviendront possibles, et que jusque-là aucune réforme n'est possible.

Ah ! mes amis, rien ne saurait protéger contre la colère vengeresse d'un peuple indigné l'homme qui déclarera ou bien qu'il désire imposer l'étalon d'or à ce pays-ci ou qu'il est prêt à faire litière de notre indépendance et à mettre le contrôle de notre législation entre les mains de puissances et de potentats étrangers.

C'est en vain que vous chercherez dans l'histoire une seule occasion où le peuple d'aucun pays se soit jamais déclaré en faveur de l'étalon d'or. Les sympathies du parti démocratique sont du côté des masses laborieuses qui produisent la fortune nationale et paient les impôts. Vous nous dites que les grandes villes sont en faveur de l'étalon d'or, je vous réponds que les grandes villes sont assises sur nos vastes et fertiles prairies. Brûlez vos villes et ne touchez pas à nos fermes ; vous verrez les villes se rebâtir par enchantement. Mais détruisez nos fermes, et vous verrez l'herbe pousser dans les rues de chaque ville de ce pays-ci !… Notre nation peut légiférer sur n'importe quelle question sans l'aide ni l'approbation d'aucun autre pays du monde.

Nous sommes au même point qu'en 1776. Nos ancêtres, qui n'étaient alors que trois millions, eurent le courage de se déclarer politiquement indépendants du reste du monde. Nous, leurs descendants, qui sommes aujourd'hui soixante-dix millions, nous déclarerons-nous moins Indépendants que nos ancêtres ? Non : ce ne sera pas l'avis de notre peuple. Aussi, peu nous importe le terrain sur lequel la bataille va se livrer. Si nos adversaires disent que le bimétallisme est une bonne chose, mais que nous ne pouvons y arriver sans l'aide de quelque autre nation, nous répliquons que, bien loin d'avoir l'étalon d'or parce que l'Angleterre l'a, nous rétablirons le bimétallisme, et l'Angleterre s'y ralliera alors parce que l'Amérique l'aura. S'ils ont le courage de lever la visière et de parler en faveur de l'étalon d'or, nous les combattrons à outrance, soutenus par la masse des producteurs de ce pays-ci et du monde. Ayant derrière nous les intérêts du commerce et du travail, et la foule des travailleurs, nous riposterons à ceux qui demandent l'étalon d'or : Vous ne mettrez pas sur le front du travailleur cette couronne d'épines, vous ne crucifierez pas l'humanité sur une croix d'or !

Il serait aisé de réfuter phrase par phrase cette déclamation sonore et d'en démolir chaque argument. Mais les démocrates assemblés à Chicago, les prophètes à longue barbe, ne discutaient pas. Ils étaient sous le charme, ils avaient trouvé l'homme qui épousait leurs préjugés, qui flattait leurs instincts et qui enveloppait d'une forme oratoire et pompeuse le vide de leurs théories. Aussi, après quatre tours de scrutin, les chances de Bryan allaient-elles croissant. Voici comment un témoin oculaire raconte ce qui se passa alors :

Un silence se lit dans la salle. Le moment solennel était arrivé. Le vote de l'État de Missouri pouvait donnera Bryan la majorité des deux tiers nécessaires à sa nomination. Le gouverneur de Missouri s'écria : « Je lève l'étendard de Nebraska. Bryan est un magnifique chef, beau comme un Apollon, et intellectuellement il défie toute comparaison ! Je donne les 34 voix du Missouri à Bryan. » C'en était fait. Les membres du Bland Club quittèrent leurs vestes et les agitèrent en l'honneur de Bryan. Un vieillard ôta son soulier et le brandit au bout d'une canne. L'océan humain s'agitait de nouveau. Le président de la délégation d'Iowa retira le nom de Boies et donna à Bryan les votes de l'État. Le sénateur Jones d'Arkansas fit de même ; le sénateur Turpie retira le nom de Matthews et proposa de rallier tous les suffrages au nom de Bryan. Un immense hourrah éclata dans la salle. Quinze mille individus hurlaient à la fois. Chapeaux, cannes, mouchoirs, éventails, coiffures de femmes couvertes de fleurs, des milliers de journaux avec le portrait de Bryan, voltigeaient au-dessus des têtes des spectateurs. L'orchestre joua le *Salut au chef* ; la bannière bleue de Bryan, étincelante d'argent, fut remise à la délégation de Nebraska, et les hampes bleues des États et territoires se dirigèrent à la fois vers un centre commun.

L'orchestre de Bland se mit en mouvement en jouant la *Marche en Géorgie*. L'orchestre de la Convention joua en même temps le *Yankee Doodle*. Les groupes des États s'alignèrent et dansèrent autour de la salle. C'était une danse de guerre titanesque. Bannières et portraits des candidats étaient portés en triomphe.

… La foule semblait tourbillonner…

La démonstration aurait duré une heure de plus si quelque sage délégué n'avait eu l'idée de proposer l'ajournement au soir. La Convention choisissait un fanatique de l'argent ; la modestie même de sa situation et le fait qu'il n'était pas un *sea-border* (né sur les bords de l'Atlantique) avaient contribué à son succès. Les occidentaux et les sudistes entendaient signifier à la Nouvelle-Angleterre que le centre politique du pays se déplaçait et se rapprochait de son centre géographique.

Raphaël-Georges Lévy

Section IV

La campagne électorale va se poursuivre jusqu'au commencement de novembre. Les démocrates opposés à l'argent se demandent s'ils mettront en avant un candidat de leur parti ou s'ils voteront pour le républicain Mac-Kinley. Beaucoup d'entre eux estiment que le débat monétaire a pris une telle importance et que les conséquences en seront si graves, qu'il convient de renoncer à toute idée de parti et que la meilleure tactique à suivre est de donner leurs voix au candidat de la monnaie saine qui a le plus de chances d'être élu. Le succès de celui-ci ne viderait du reste pas la question ; ce ne serait qu'une première bataille gagnée : il en faudra livrer d'autres avant de déposer les armes. La Chambre des représentants est soumise cette année même à une réélection partielle : la présence de Mac-Kinley à la Maison Blanche ne suffirait pas à remettre tout en ordre, si la majorité du nouveau Congrès était favorable à l'argent. L'inconvénient des élections trop rapprochées, une des faiblesses de la Constitution américaine, se fait sentir plus que jamais. La lutte va se prolonger et s'étendre, elle continuera à paralyser les affaires et à couvrir le pays de ruines, alors que celui-ci n'aurait besoin que d'une chose, le maintien du *statu quo*, et la certitude qu'il ne sera victime d'aucune innovation téméraire.

Car ce qu'il y a d'étrange dans la situation actuelle des États-Unis, c'est que les agitateurs, à force de se plaindre de maux imaginaires, en font naître de réels. C'est la crainte d'une modification à la législation monétaire, et non pas la législation actuellement en vigueur, qui ralentit la vie économique du pays. Ce qui existe n'est pas parfait : le système des banques nationales, dont les billets sont gagés par des rentes d'Etat, prête le flanc à certaines critiques. L'émission de billets par la Trésorerie est encore bien plus contraire aux saines doctrines. Mais la quantité d'argent qui circule n'a rien d'excessif, et il serait difficile de démontrer pourquoi l'Amérique ne pourrait vivre avec un étalon boiteux, identique à celui dont la France et l'Allemagne s'accommodent, c'est-à-dire la frappe libre de l'or et une quantité limitée d'argent à force libératoire. Bien plus, elle a les ressources nécessaires pour se débarrasser, si tel était son bon plaisir, d'une partie de l'argent accumulé dans les caves de sa Trésorerie et pour écarter ainsi définitivement toute tentation de payer ses dollars autrement qu'en or.

Mais les passions qui sont en jeu enveloppent la vérité d'un nuage. Pas un électeur sur dix, parmi ceux qui voteront en faveur de Bryan, ne comprend le problème monétaire ; pas un sur cent ne mesure les conséquences de la législation nouvelle qu'il appelle de ses vœux. C'est là qu'est le péril. Les Américains, à qui je demandais leur avis sur l'issue probable de la lutte, ne cessaient de me dire : « Nos ouvriers sont honnêtes, ils ne veulent pas d'une répudiation de dettes comme celle à laquelle équivaudrait la libre frappe de l'argent, puisqu'elle permettrait au débiteur d'un dollar de cent *cents* de se libérer au moyen d'un dollar qui n'en vaudrait que cinquante. » Je leur répondais que la question n'apparaît pas sous cette forme simple à la masse électorale. On lui répète sur tous les tons que le dollar d'argent est le vrai dollar ; que les accapareurs de capitaux s'opposent méchamment à la libre frappe de cette monnaie légitime ; que par elle, la prospérité sera rétablie. Il n'est pas facile de démontrer à des assemblées populaires les erreurs renfermées dans ces propositions. Il ne sera pas trop de toute l'énergie des Etats plus anciens et plus éclairés de l'Union pour ouvrir les yeux des habitants de l'Ouest et leur montrer les dangers auxquels ils courent. La tâche n'est pas au-dessus de leurs forces, s'ils mettent à profit les trois mois qui les séparent encore de l'élection, pour mener à bien la campagne d'éducation nécessaire à cet effet. Ils vivent d'ailleurs dans un pays heureux, qu'une main providentielle semble toujours avoir arrêté au bord de l'abîme, alors qu'il était à la veille de se précipiter dans quelque aventure périlleuse. « Il y a un Dieu, dit le proverbe, pour les enfants, les ivrognes et les Américains. »

ISBN : 978-1545432204

Raphaël-Georges Lévy